NOTICE HISTORIQUE

sur la ville de Brest.

Notice
HISTORIQUE

SUR

la Ville de Brest,

PAR

M. L.-C. FERAUD,

Officier au 7e de ligne.

Typographie

DE COME ET BONETBEAU,

rue du Château, à Brest.

1837.

Notice

HISTORIQUE

SUR LA

Ville de Brest.

—

Ceux qui se dévouent à la tâche pénible et difficile d'écrire l'histoire des anciens temps, et qui, pour accomplir conciencieusement leur travail, cherchent à s'entourer de tous les matériaux dont ils peuvent disposer, doivent se tenir soigneusement en garde contre les hommes à système et contre les hommes d'imagination.

Les hommes à système, voulant tout rattacher à la pensée qui les domine, voyant tout avec prévention, se montrant toujours exclusifs, sont sujets à tomber dans de grossières erreurs. Les hommes d'imagination , adoptant avec trop de facilité les traditions vagues , les conjectures hasardées , les fables populaires , et se laissant volontiers séduire par le merveilleux , sont certains de manquer un but qu'on ne peut atteindre qu'en marchant d'un pas ferme et sûr, et par de patientes investigations.

Ces réflexions ont dû naturellement se présenter à nous lorsque nous avons voulu nous occuper de la Bretagne. S'il est peu de pays dont l'étude offre un plus puissant intérêt à l'archéologue passionné pour l'histoire des siècles passés , il n'en est peut-être pas qui présente plus d'énigmes à deviner , plus de problèmes à résoudre. Cette terre presque vierge garde ses secrets avec amour , et semble craindre de les laisser pénétrer aux yeux des profanes. C'est en vain qu'ici l'on chercherait à reconstruire l'histoire à l'aide des monuments qui couvrent le sol, ou à expliquer les monuments à l'aide de l'histoire. Les souvenirs qui se rattachent aux monuments, effacés, tronqués ou confus, ne font que rendre l'incertitude plus profonde, et quant à l'histoire elle-même, elle n'existe pas, et les documents qui pourraient servir à l'écrire, pleins de vague et de contradictions, ne sont pas d'un grand secours. Il faut nécessairement procéder par voie d'induction, moyen lent et dangereux avec lequel les esprits les plus sains, les jugements les plus sûrs, risquent toujours de s'égarer.

Or, de toutes les parties de l'ancienne Armorique, celle que comprend aujourd'hui le département du Finistère est sans contredit celle dont l'histoire est la plus vague et la plus incertaine. Cependant nous savons qu'elle était occupée par les Occismiens, Strabon, Ptolémée, Pithéas, Pomponius Méla, ne laissent aucun doute à cet égard, et Cluvier, dans son *Introductio mundi*, l'affirme d'une manière bien positive. Ces peuples, avec les Diaulites, les Curiosolites et les Venètes, furent les premiers habitants de la Bretagne ; ils étaient Celtes, faisaient partie de la république gauloise, et avaient même langue, même religion, mêmes coutumes que le reste de la nation celtique. La capitale des Occismiens s'appelait Occismor. Quelques historiens ont cru reconnaître dans Carhaix cette ancienne cité, un plus grand nombre la placent à Saint-Pol-de-Léon; mais M. Miorcec de Kerdanet croit avoir retrouvé récemment, à peu de distance de Lesneven, les ruines de l'antique ville d'Occismor, dont le nom était formé de deux mots celtiques, *mor*, qui signifie mer , et *oc* , qui désigne l'occident.

Le crédule et naïf d'Argentré , l'historien romancier de sa patrie, rapporte sérieusement l'origine et le nom des Bretons à Britannus , roi des Gaules, qui vivait au temps du grand Hercule, prince de Lybie. Ce héros , allant en Espagne pour combattre Gérion, se serait quelque peu détourné de son chemin pour rendre visite Britannus , que sans doute il honorait d'une estime toute particulière. Celtine , fille de Britannus , n'aurait pu voir l'hôte fameux de son père sans éprouver un tendre sentiment pour celui qui avait exécuté de si prodigieux travaux , et de leur amour seraient issus deux enfants , l'un , Celto , qui aurait été la souche de la nation celtique; l'autre , Galathes, duquel seraient descendus les Gaulois. Quelque glorieuse que puisse être cette origine pour les habitants de la Bretagne, on conçoit facilement qu'une pareille assertion ne doit pas être discutée, et nous la mettrons sur la même ligne que celle de Belleforêt, qui, dans sa chronique, veut faire descendre les Francs de Francus, fils de Priam, échappé comme Enée, par le plus grand des hasards, au désastre de Troie.

Il y a tout lieu de croire que la Grande-Bretagne, ou du moins sa partie inférieure, fut, à une époque que l'on ne peut fixer d'une manière certaine, peuplée par une de ces émigrations de Celtes si fréquentes dans l'histoire des anciens peuples. Ce qui le prouve d'une manière irrécusable, c'est la similitude parfaite qui existe encore aujourd'hui entre le langage des bas-bretons et celui des habitants du pays de Galles. Ces émigrants, en s'éloignant de leur pays, perdirent jusqu'aux dernières traces de la civilisation, puisqu'au temps de César leurs villes n'étaient fermées que par des troncs d'arbres et des palissades, et que la plupart de leurs maisons étaient construites de la même manière. Ils contractèrent une partie des habitudes que l'on retrouve encore aujourd'hui chez les peuples sauvages; entre autres, celle de se peindre le corps, d'où l'île reçut le nom de Britinis, île des hommes peints, des deux mots celtiques, *brit*, peint, et *inis*, île, d'où les Romains ont fait Britannia.

César, qui ne fit que reconnaître la Bretagne, avait auparavant soumis, non sans peine, les différents peuples de l'Armorique, ou plutôt il était parvenu à réprimer leurs invasions. Sous Auguste, cette province reçut le nom de Lyonnaise; sous Adrien, de deuxième Lyonnaise;

et plus tard encore, de troisième Lyonnaise. Suivant Ogée, Honorius, fils de Théodose, qui monta sur le trône impérial, le 20 novembre 393, établit les Marches, c'est-à-dire qu'il plaça des soldats à l'extrémité de l'Armorique, et qu'il leur donna des possessions avec des priviléges, à la charge de défendre les frontières contre les invasions des peuples de l'Armorique. D'un autre côté, les notices de l'empire, dressées sous les enfants de Théodose, placent des garnisons romaines à Occismor, à Nantes, à Rennes, et aux environs de Brest. Cependant il ne semble pas que la domination romaine ait jamais été bien établie dans ces contrées ; car, si l'on en excepte quelques monuments, découverts récemment au Pérennou, les vestiges d'une voie romaine, les restes de deux aqueducs, et quelques ruines antiques de peu d'importance près de Carhaix , les traces s'en sont complètement effacées.

La faiblesse des enfants de Théodose ne pouvait manquer de provoquer la révolte des Armoricains ; ils secouèrent le joug qu'ils avaient accepté plutôt que subi , mais leurs soulèvements furent réprimés à plusieurs reprises par Litorius , lieutenant du célèbre Aëtius. Obligés de se reconnaître vaincus , ils prirent leur parti de bonne grace et vinrent se ranger sous les drapeaux d'Aëtius pour combattre Attila , à la défaite duquel ils contribuèrent puissamment par leur courage ; mais Aëtius ayant abandonné l'Armorique pour s'opposer à la deuxième incursion des Francs, commandés par Clodion, cette province reconquit de nouveau son indépendance , et continua à se gouverner par ses propres chefs jusque vers le milieu du cinquième siècle.

Pendant que ces événements se passaient dans l'Armorique, les Bretons de l'île, serrés de près par les Pictes et les Scots, habitants du nord de leur pays, demandèrent du secours aux Saxons; mais bientôt ils eurent tellement à se plaindre de leurs protecteurs qu'ils allèrent demander un asile aux Armoricains, leurs anciens alliés. Cette nouvelle émigration rendit au continent une partie de ses anciens habitants. Les uns disent qu'elle fut conduite par Conan Mériadec, d'autres, et particulièrement Dom Lobineau, ne font même pas mention de lui, et regardent comme le premier chef des Bretons émigrés Riwal, dont ils rapportent l'arrivée à l'année 458.

Quoi qu'il en soit, il est certain que l'Armorique, et particulièrement la partie qui comprend aujourd'hui le Morbihan et le Finistère, devaient avoir peu d'habitants à l'époque de cette émigration ; ils se trouvèrent en quelque sorte perdus au milieu de leurs nouveaux hôtes, qui fondèrent un grand nombre de villes, et donnèrent bientôt leur nom au pays.

De 500, époque où régnait Clovis, jusqu'en 843, règne de Charles-le-Chauve, la souveraineté de la Bretagne a été possédée en tout ou en partie par les rois de France, mais leur possession était plutôt fictive que réelle ; elle leur était sans cesse disputée par des princes bretons dont le courage et la tenacité finirent par l'emporter sur la puissance française. Nous avons beaucoup de détails sur les guerres qu'ils eurent à soutenir pour le maintien de leur indépendance. Ces princes portaient le nom de *Jarles*, que l'on a cru devoir traduire par celui de *Comte*, dans le sens qu'avait ce titre sous les rois de la première race. Les

plus célèbres d'entre eux furent Gral-
lon, comte de Cornouailles ; Daniel,
Budic et Mélian, ses successeurs ;
Conor ou Conomor : mais la plupart des événements racontés par
les historiens étant totalement étran-
gers au pays dont nous devons
nous occuper, nous les passerons
sous silence pour arriver immédiatement à l'histoire particulière des
principales villes du Finistère.

Ici, nous devons l'avouer, nous
éprouvons quelque embarras. Quimper, l'ancienne capitale du royaume
de Cornouailles, aujourd'hui le
chef-lieu du département, déjà fière
de ce titre, peut encore s'énor-
gueillir de son origine si antique
qu'elle remonte aux temps fabu-
leux de l'histoire de Bretagne ; du
rôle important qu'elle a joué pendant plusieurs siècles ; des siéges
qu'elle a soutenus, et de son imposante cathédrale gothique.

Saint-Pol-de-Léon aime à raconter ses anciennes chroniques, ses pittoresques légendes, son antique splendeur, le courage de ses habitants célébré dans le roman de la table ronde, la naïve et fabuleuse histoire de son saint évêque. Carhaix étale avec orgueil ses ruines romaines et sa belle collégiale de Saint-Tromeur. Illustrée déjà par les combats qui l'ensanglantèrent à diverses reprises, lors de la lutte acharnée entre Charles de Blois et le comte de Montfort, et par les souvenirs du fameux ligueur Fontenelle, elle s'honore encore d'avoir donné le jour au premier grenadier de France, à Théophile-Malo Corret de Kerbauffret de la Tour d'Auvergne. Quimperlé présente à l'antiquaire une curieuse église. Morlaix, riante et jolie ville qu'animent le commerce et l'industrie, offre aux regards étonnés du voyageur le type de ces vieilles

constructions bretonnes qui devien-
nent chaque jour plus rares. Parmi
toutes ces cités, dont les glorieux
souvenirs ou les antiques monuments offrent un si puissant intérêt, il est certainement difficile de
décider à qui appartient de droit
la prééminence ; mais aussi toutes
reconnaissent la supériorité de Brest,
qui, par sa position géographique,
par son importance politique, par
l'étendue de son port et les établissements qu'il renferme, occupe
maintenant une des premières places
parmi les villes du royaume. Cependant cette ville si forte, si riche, si
vivante, dont l'histoire serait presque
l'histoire entière de la marine française, compte à peine deux siècles
d'existence. Ce boulevart de la Bretagne, qui nous paraît si imposant
aujourd'hui, entouré qu'il est de
ses redoutables bastions, défendu
par ses mille bouches à feu, cou-

ronné par son château massif, orné de somptueux édifices, le plus beau théâtre enfin de la force et de la puissance humaine, ne fut long-temps qu'une chétive bourgade composée de misérables maisons formant des rues étroites et tortueuses sur le bord d'un étroit ruisseau, où elles étaient venues chercher la protection du château fort. C'est que l'existence des villes aussi bien que celle des peuples dépend souvent du génie d'un seul homme, et que Brest eut le bonheur d'attirer l'attention d'un homme de génie. Richelieu vit le parti qu'il pouvait tirer de cette admirable position, et par la seule puissance de sa volonté, il fit en peu d'années ce que dix siècles n'avaient pu faire, une ville là où il n'y avait qu'un pauvre et faible village. Depuis ce temps, Brest n'a fait que gagner en importance, et marchant toujours d'un pas sûr et rapide dans la voie de ses prospérités, elle a enfin conquis le premier rang que nous lui conservons dans ces notices.

Il est peut-être peu de villes dont le nom ait donné lieu à autant de conjectures et de dissertations des archéologues ou des étymologistes. Nous ne les suivrons pas sur le terrain glissant où ils se sont aventurés, et nous nous garderons bien d'engager de nouveau une discussion dont, à coup sûr, nous ne pourrions faire jaillir la lumière. Sans doute on doit observer avec un soin scrupuleux la trace des origines, mais souvent aussi l'étude des étymologies dégénère en une véritable monomanie. Que Brest soit le *Portus Brivates* ou le *Caso Britates* des anciens, ou le *Gesocribates*, ainsi que M. Athenas (1)

(1) Suivant M. Athenas, ce nom *Gesocri-*

s'est efforcé de le prouver, ou bien qu'il ait été l'ancienne cité d'Occismor, comme quelques auteurs l'ont avancé sans vraisemblance, peu importe, du moment que Longuerne, Piganiol de la Force, d'Argentré, Ogée, etc., s'accordent à dire que c'est une ville de création nouvelle dont l'histoire ne fait pas mention avant l'année 1240.

Si l'histoire garde le silence sur la ville, il n'est pas moins avéré que dès les premiers siècles de l'ère chrétienne il exista un château fort sur l'emplacement de celui que nous voyons encore aujourd'hui : d'anciennes chroniques et légendes en font foi. d'Argentré affirme avec son assurance ordinaire que Conan Mériadec fit bâtir le fort de Brest

bates, élévation des Gésates, viendrait de ce que les Gésates ou Gaulois soudoyés tenaient la citadelle au nom des Romains.

sur Caprell au pays des Occismiens : quelques auteurs ont adopté
son opinion, mais sans donner aucune preuve à l'appui d'une assertion vivement combattue par d'autres
écrivains, qui vont jusqu'à nier l'existence de ce prince. De vieilles traditions, sans toutefois préciser l'é-
poque, donnent lieu de penser que
ce château a été bâti par les Abo-
rigènes ou Bretons; mais depuis
sa construction première, il a subi
bien des changements. Ce qui le
prouve, c'est que, lors des réparations que l'on fit en 1832, aux
ateliers de l'artillerie, on découvrit
la base d'une grosse tour ronde, bien
en dedans de la ligne de fortifications
du château, et sans aucun rapport
avec elle. Cette tour était évidem-
ment antérieure à 1200, tandis que
les parties les plus anciennes qui
existent aujourd'hui ne paraissent pas
remonter au-delà du 13e siècle.

L'ancien château aura-t-il été occupé par les Romains ? Rien ne le prouve. Pourtant M. de Caylus dit qu'en 1762, on trouva dans un bas chemin près de Brest des vases de terre cuite contenant 30,000 médailles d'argent avec l'effigie des empereurs qui régnèrent depuis Alexandre Sévère jusqu'à Posthume : ce fait ne se trouve du reste consigné nulle autre part. La chronique de Nantes dit que Salomon, roi des Bretons, fut tué en 856, auprès du château fort que l'on appelle Brest (*apud oppidum quod dicitur Bresta*). Mais c'est sous Conan II, duc de Bretagne, que le château paraît surtout avoir changé de face et acquis beaucoup d'importance. Il le fit réparer et fortifier vers 1065, et fit bâtir dans son enceinte l'église de la Trinité.

En 1239, le château de Brest dépendait de la juveigneurie de Léon.

Les ducs de Bretagne le convoitaient depuis long-temps. Hervé, fils de Guiomarck, vicomte de Léon, ayant succédé à son père, dissipa rapidement ses trésors, et se trouva bientôt par ses folles dépenses dans la position la plus embarrassante. Jean 1er, duc de Bretagne, prince d'une volonté ferme et d'une rare habileté, sut profiter des dettes et des prodigalités du vicomte Hervé pour réaliser un projet qu'il avait conçu depuis plusieurs années. Par un traité passé près de Quimperlé, et dont la chronique de Nantes rapporte le texte, il se fit céder, moyennant cent livres (1) de rente, la ville, le château et le port de Brest, avec tous les bourgeois et les soldats qui tenaient du vicomte de

______

(1) Cette rente de 100 livres tournois équivaudrait environ à 22,000 livres de rentes monnaie d'aujourd'hui.

Léon, et par cette négociation importante il ajouta un beau fleuron
à sa couronne ducale.

En 1276, les Anglais, conduits
par le comte de Lincoln, firent à
Brest une descente sur laquelle on
a peu de détails : il paraît que le
seul résultat qu'ils en retirèrent fut
de trouver des vivres que les habitants avaient enterrés.

En 1340, la rade servit d'asile
à la flotte française, à la suite d'une
affaire dans laquelle elle avait été
battue par les Anglais.

A l'époque de la guerre de suc-
cession entre Charles de Blois et
le comte de Montfort, en 1341, le
château de Brest fut appelé à jouer
un rôle important. Quelques circonstances de son premier siége sont
assez remarquables pour que nous
les rapportions ici. Un chevalier
nommé Garnier ou Gauthier de

Clisson, de cette illustre famille qui a donné tant de héros à la Bretagne, y commandait pour Charles de Blois. Il n'avait avec lui que trois cents hommes, mais tous braves et déterminés. Montfort s'étant présenté devant la place, la fit sommer de se rendre ; Clisson répondit qu'il n'en ferait rien s'il n'avait enseignes et mandements du seigneur à qui la place appartenait de droit, et aussitôt il se mit en devoir de faire une vigoureuse défense. Il disposa ses trois cents hommes sur les remparts, à l'exception de quarante des plus intrépides, qu'il garda auprès de lui pour faire des sorties et se porter en cas de besoin comme réserve sur les points les plus menacés. Le lendemain, Montfort, après avoir fait entendre la messe à son armée, fit commencer l'attaque contre les barrières extérieures, que défendait Clisson avec sa petite troupe d'élite. Après un combat long et acharné, les assaillants parvinrent à forcer le passage. Clisson voulut couvrir la retraite des siens, et pendant quelques instants tint seul tête aux ennemis. L'officier qui commandait dans la place en son absence, le croyant rentré, fit baisser la herse, et Clisson, couvert de blessures, son armure fracassée, resta seul au milieu des ennemis, jusqu'à ce que les siens, s'apercevant de leur erreur, le fissent rentrer dans la place, où dès la nuit suivante il mourut des suites de ses blessures. Les assiégés, quoique découragés par la perte de leur chef, soutinrent encore un assaut, qu'ils repoussèrent en faisant pleuvoir sur les assaillants, de la chaux vive, du sable rougi au feu, de l'huile bouillante, etc. Mais Montfort ayant reçu des renforts, la garnison perdit tout espoir de salut, et capitula, sous la condition d'avoir vie et bagues sauves.

Montfort, maître du château, considéra que les chétives maisons du village, quoique n'ayant que peu d'importance par elles-mêmes, pourraient cependant en cas d'attaque être utiles aux assiégeants et leur servir de logement et de retraite : en conséquence, il les fit entourer d'une bonne muraille dont, il y a quelques années, on apercevait encore les restes au bas de la rue Royale. Il y a lieu de croire qu'il fit aussi travailler aux fortifications du château, dont l'importance devint telle qu'un des conseillers du duc Jean IV disait : « N'est pas duc de Bretagne qui n'est pas sire de Brest », et que la comtesse de Montfort en fit choix après la mort de son noble époux pour y déposer ses trésors et ses effets les plus précieux.

En 1346, Charles de Blois, vaincu et fait prisonnier à La Roche-Derrien, fut conduit au château de Brest avant d'être transféré en Angleterre.

En 1351, Raoul de Cahours, l'un des meilleurs capitaines au service de la comtesse de Flandres, séduit par les agents du roi de France, forma un complot pour lui livrer Vannes, Guérande, Quimperlé, Hennebon et Brest. Sa trahison fut découverte et punie de mort.

En 1372, à la suite d'un traité conclu entre Jean IV et Edouard III, roi d'Angleterre, le château de Brest reçut une garnison anglaise. Le terrible ennemi des Anglais, le grand preneur de villes, Duguesclin, vint en faire le siége. La place était défendue par Robert Knolles, le même qui commandait les Anglais au fameux combat des Trente, et par le sire de Neufville, autre capitaine renommé. Après plusieurs assauts, que les assiégés repoussèrent vaillamment, le siége se convertit en blocus. Bientôt la disette de vivres se fit sentir parmi les assiégés et les obligea à faire des propositions d'accommodement. Il s'ensuivit une capitulation portant que la ville se rendrait au bout de six semaines si elle ne recevait pas de secours. Mais le comte de Salisbury ayant amené avec lui un renfort de 1,000 hommes d'armes et de 2,000 archers, Duguesclin, esclave de sa parole, leva le siége et s'éloigna. Le peu de succès de cette entreprise ne peut cependant porter aucune atteinte à la gloire du héros de la Bretagne; car Froissard dit positivement qu'au temps de Duguesclin le château de Brest était un des plus forts du monde.

En 1374, le comte de Salisbury s'occupa d'augmenter encore les fortifications; il est présumable qu'il fit bâtir la tour qui domine la rade, et qui a conservé jusqu'à nos jours le nom de tour des Anglais.

En 1376, Richard II, successeur d'Edouard III, rendit le château de Brest; mais en 1378, Jean IV, se voyant serré de près par le roi de France, appela de rechef les Anglais, auxquels il fit une nouvelle cession provisoire du château de Brest, toutefois avec des restrictions qui prouvaient quelle haute importance y attachaient les deux parties contractantes. La chronique de Nantes nous a conservé le texte de ce traité passé à Westminster. Le roi d'Angleterre *était tenu pour lui et pour ses hoirs de rendre bien et loyaument ledit chastel de Brest avec toutes les appartenances au duc de Bretagne ou à ses hoirs de son corps ou à sa femme, sans fraude ou malengin, franchement et quittement sans aucun empeschement par défaut de paiement ne par autre cause quelconque qui put être dit ou faite à l'encontre quand ledit roi en serait tenu par ledit duc ou par les siens ayant pouvoir de lui.* Le château ne devait rester au roi en toute propriété qu'au cas où le duc et la duchesse viendraient à décéder sans héritiers. Richard II, en échange de Brest, donnait au duc la seigneurie de Resing, en Angleterre, avec un revenu de 700 marcs. Le duc conservait le droit d'entrer dans Brest et d'en sortir toutes les fois qu'il le jugerait convenable ; il devait en outre être fait un inventaire exact de ce que contenait le château, afin que lors de la restitution, tout fut remis dans le même état. Enfin le traité fut conclu sous la garantie de plusieurs des plus puissants seigneurs de l'Angleterre, qui donnèrent leur parole en gage de celle de leur roi.

Toutes ces précautions devaient sans doute paraître suffisantes au duc Jean ; cependant lórsqu'en 1381, il eut fait la paix avec le roi de France, et qu'il somma les Anglais de lui remettre le château de Brest, ceux-ci, au mépris de la foi jurée, refusèrent obstinément de se dessaisir d'une place qui devenait entre leurs mains la clef de la Bretagne, et le duc Jean IV se vit dans la nécessité de recourir à la force pour les y contraindre. Il demanda l'assistance du roi de France, qui lui envoya, en 1382, une armée où l'on remarquait, entre autres capitaines fameux, le vicomte de Rohan, les sires de Laval et de Beaumanoir. La valeur de ces illustres chefs vint échouer devant la force du château où commandait sir Thomas Percy ; ils furent obligés de se retirer avec le regret de n'avoir pu mener à bien cette importante expédition.

En 1386, le connétable Olivier de Clisson se présenta devant la place où commandait Jean Roche, l'investit, et en fit pousser le siége avec vigueur. Messire Jean de Malestroit et le vicomte de la Bellière le dirigeaient sous ses ordres. Pour attaquer les ouvrages des Anglais, ils s'étaient eux-mêmes retranchés et avaient construit des espèces de forts ou bastilles, à l'aide desquels ils parvenaient à les dominer. Mais le duc de Lancastre étant arrivé par mer avec des secours, les assiégeants furent obligés de se tenir sur la défensive, et devinrent à leur tour assiégés : ils se renfermèrent dans un grand fort inachevé qu'ils nommaient la bastille de Kerugeaz. Les Anglais, voulant les en déloger, firent pleuvoir une grêle de traits sur eux : cependant ils firent bonne contenance, et le combat, qui durait déjà depuis long-temps sans succès

décisif, paraissait devoir se prolon-
ger encore, lorsque les Français,
par bravade, firent ouvrir la bar-
rière afin de laisser à l'ennemi la
faculté de s'approcher. Cette impru-
dence causa la perte du fort, et
tout espoir de succès étant perdu
pour cette campagne, ils prirent le
parti de lever le siége.

Le duc de Bretagne, dont les revers ne faisaient qu'exalter le courage, voulut faire encore une tentative l'année suivante. Cette fois,
pour empêcher les secours que les
Anglais recevaient incessamment par
mer, il fit construire un fort en bois
au milieu du Goulet et des forts
en pierre de chaque côté sur les
rives parallèles de Crozon et de
Saint-Pierre-Quilbignon, afin d'in-
tercepter le passage ; mais ces ouvrages furent pris ou ruinés d'abord
par Richard, comte d'Arundel, et
par le comte de Devonshire, et

plus tard par le comte Henri Percy.

Découragé par tous ces revers, le duc de Bretagne eut de nouveau recours à la voie des négociations. L'astucieux Richard sut encore éluder long-temps toutes les réclamations qui lui furent adressées; mais enfin, en 1397, pressé par les seigneurs garants de la convention de 1378, dont l'honneur se trouvait gravement compromis, il se décida, après bien des lenteurs, à rendre Brest. Lediard, l'historien de la marine anglaise, dit que cette restitution excita à un haut degré le mécontentement des sujets de Richard. Quoi qu'il en soit, depuis ce moment jusqu'en 1489, les souverains de la Bretagne restèrent paisibles possesseurs de la ville et du château de Brest. A cette époque, ils furent livrés au vicomte de Rohan par Quelenec, vicomte du Faou, grand-amiral de Bretagne, traître envers Anne, sa légitime maîtresse. En 1499, le capitaine Carreau, qui y commandait pour le roi, ayant reçu ordre de livrer la place aux troupes d'Anne de Bretagne, s'y refusa formellement : ce ne fut que sur une seconde injonction qu'il s'y résigna. Depuis ce temps la ville de Brest n'a pas cessé d'appartenir à la France.

Les historiens nous ont conservé le souvenir d'une expédition que fit, en 1512, l'amiral anglais Edmond Howard, et dans laquelle il ravagea les environs de Brest et du Conquet. L'amiral français Prigent de Coativy lui livra un combat dans lequel il obtint un léger avantage. L'amiral anglais y perdit la vie.

L'année suivante, un autre combat mémorable eut lieu entre la flotte anglaise et la flotte française, à l'entrée de la rade de Brest. L'amiral breton, André Portzmoguer, voyant que le feu avait pris au vaisseau qu'il montait, nommé la *Cor-dilière*, s'approcha de l'amiral ennemi et lui jeta le grappin, de telle sorte que les deux vaisseaux, ne pouvant plus se séparer, *brûlèrent comme chenevottes*, pour nous servir d'une pittoresque expression qu'emploie la vieille chronique du diocèse de Saint-Pol-de-Léon. Le brave André Portzmoguer partagea malheureusement le sort de son vaisseau. Le poids de ses armes l'empêcha de se soutenir au-dessus des flots, au milieu desquels il s'était jeté, et il périt sans qu'il fût possible de lui porter secours.

Nous avons dit que, pendant longtemps, les habitations qui composaient la bourgade à laquelle on donnait le nom de Brest n'occupaient qu'une très petite étendue. L'enceinte que Montfort fit construire partait de l'extrémité inférieure de la rue Royale, longeait le haut de la rue neuve des Sept-Saints, puis la rue Charronnière, redescendant à main droite le long de la rue haute des Sept-Saints et de l'escalier du même nom jusqu'au-dessous de la chapelle; enfin remontait de là par la rue neuve des Sept-Saints, en couronnant la hauteur qui domine le quai Tourville pour revenir au point de départ. Jusqu'à Louis XIII, cette enceinte ne s'élargit pas; mais sous le règne de Henri II, la population reçut quelque accroissement. Plusieurs familles de marins et d'armateurs s'établirent le long du rivage qui forme aujourd'hui le quai Tourville. L'ancienne et gothique chapelle du Château avait été pendant plusieurs siècles la seule église où les habitants de Brest pussent aller entendre la messe, encore n'avaient-ils cette ressource que dans les temps de calme. A l'époque dont nous parlons, on en sentit l'insuffisance, et l'on fit bâtir la chapelle des Sept-Saints, qui peut-être encore vue aujourd'hui, bien qu'elle ait changé de destination. Le nom qu'elle porte lui a sans doute été donné en l'honneur des sept premiers évêques de la Bretagne : Saint-Pol, Saint-Corentin, Saint-Tudgual, Saint-Patern, Saint-Samson, Saint-Brieuc, et Saint-Malo.

En 1549, des lettres patentes, confirmées par Charles IX en 1560, et depuis par Louis XIV, ordonnèrent l'établissement d'un papegai, établissement motivé sur ce que, dans une ville aussi exposée aux attaques de l'ennemi, il est nécessaire que les habitants soient formés au maniement des armes. Le papegai ou papegaut était un oiseau de bois garni de plaques de fer, sur lequel on s'exerçait au tir de l'arquebuse. Cette institution porta ses fruits ; car, peu de temps après, une flotte anglaise étant venue menacer Brest, les Brestois se préparèrent à la repousser, et leur bonne contenance l'intimida tellement qu'elle se retira sans rien entreprendre.

En 1557, Guillaume Tanguy du Châtel, gouverneur de Brest, défit six mille Anglais et Hollandais qui étaient venus ravager le Conquet et ses environs.

L'année suivante, Charles de Cambout, gouverneur de Brest et de Nantes, grand veneur de Bretagne, fit exécuter dans le château des travaux assez importants.

Pendant les guerres de la Ligue, Brest et deux ou trois autres places furent les seules de toute la Bretagne qui restèrent fidèles à leur prince légitime. Lorsqu'en 1591 Henri IV demanda des secours à Elisabeth, reine d'Angleterre, cette princesse voulut d'abord exiger que ses troupes occupassent la ville et le port de Brest. Mais tandis que les ligueurs, aveuglés par le fanatisme et par l'esprit de parti, vendaient leur patrie aux Espagnols, dont ils mendiaient bassement le concours, Henri, prince vraiment français, instruit d'ailleurs par l'expérience des temps passés, refusa obstinément de souscrire à cette condition, et offrit seulement comme place de sûreté, Paimpol, ville de bien moindre importance, et dont la reine d'Angleterre se contenta.

A cette époque, la ville dont nous écrivons l'histoire ne comptait encore que 1,500 habitants ; son commerce était peu étendu, son industrie presque nulle : cependant, par lettres patentes datées de Nantes, le 31 décembre 1593, elle reçut le titre de ville, en récompense de sa fidélité, et en même temps Henri IV défendit à qui que ce fût de se qualifier bourgeois de Brest avant d'en avoir obtenu la permission et payé quarante écus d'entrée, destinés aux fortifications de la ville et à ses réparations.

Dès l'année 1592, les ligueurs avaient voulu tenter sur Brest un coup de main ; René de Rieux, seigneur de Sourdéac, gouverneur de le ville et du château, avait déjoué leur entreprise. Quelques temps après, les Espagnols auxiliaires du duc de Mercœur et de la Ligue, dont il était le chef en Bretagne, formèrent le projet d'en faire le siége en règle. Sur la pointe de Quélern, qu'ils occupaient, ils firent bâtir un fort pour empêcher l'arrivée des secours par mer. Le gouverneur fit sentir au maréchal d'Aumont, qui commandait pour le roi, combien il était nécessaire de leur enlever cette position. Le maréchal se rendit a ces raisons ; il arriva devant le fort le 25 octobre 1594, et s'en empara le 15 novembre, après une lutte sanglante dans laquelle il eut à regretter plusieurs officiers de distinction, entre autres le vaillant Romégou, qui avait juré de se rendre maître du fort, ou de périr sur la brèche. Les Espagnols, de leur côté, perdirent leur commandant Dom Praxède. *L'histoire de la Ligue en Cornouailles*, par le chanoine Moreau, ouvrage récemment publié, donne sur ce siége une foule de détails intéressants dans lesquels nous ne pouvons entrer. Sourdéac fit raser le fort immédiatement ; mais la pointe sur laquelle il était bâti a conservé le nom de *pointe des Espagnols*.

En 1595, Elisabeth fit auprès d'Henri IV, pour obtenir le port de Brest, une nouvelle démarche qui ne fut pas plus heureuse que la première. La même année, les Anglais évacuèrent la Bretagne et les Espagnols n'en sortirent qu'à la paix du duc de Mercœur, en 1598.

Sourdéac, qui fut un des plus illustres gouverneurs de Brest, fit exécuter des travaux considérables dans l'intérieur du château. Si l'on en croit le chanoine Moreau, c'est lui qui aurait fait bâtir, en 1597, la tour qui domine l'entrée du port et qu'on appelle aujourd'hui *tour de César*. Cette tour fut construite sur les ruines d'une autre plus ancienne sur les fondements de laquelle on aurait trouvé une espèce de platine ou médaille de cuivre ronde, grande comme une assiette, en forme de médaille antique : on y voyait d'un côté l'effigie de César et de l'autre les mots *Julii Cæsaris*. Sourdéac aurait fait remettre cette pièce en terre avec une médaille d'Henri IV, en argent. Nous devons nous empresser d'ajouter que nul autre historien ne fait mention de ce fait, et que pour différentes raisons nous en révoquons l'exactitude en doute, quoique cette manière soit peut-être la seule d'expliquer le surnom bizarre donné à un édifice qui paraît appartenir au treizième siècle. Cette même année, le gouverneur fit construire le bastion qui porte son nom, et qui, muni d'embrasures et de casemates, domine le port au lieu où se trouve la machine à mâter.

C'est encore du temps d'Henri IV que fut construit, pour servir de logement aux officiers, le vieux bâtiment, nommé depuis quartier *de Plougastel,* que l'on voit à gauche en entrant dans la cour du château.

Sur la rive droite de la rivière de Penfeld qui forme aujourd'hui le port de Brest, en face de la ville, existait dès le treizième siècle un bourg appelé *bourg de Sainte-Catherine.* En 1346, le duc Jean IV y fit bâtir une chapelle dédiée à

Notre-Dame de Recouvrance, où l'on déposait de nombreux *ex voto* pour le retour et recouvrement des navires expédiés de Brest. Le bourg en prit le nom de *Recouvrance* qu'il a toujours conservé. Il s'accrut à tel point qu'en 1600 il était plus considérable que Brest.

Mais enfin les temps marqués par les destins approchaient, et Brest allait bientôt jouer un rôle plus important. Pour bien comprendre ce changement, il est nécessaire de jeter un coup d'œil en arrière sur l'histoire de la marine française.

Ce n'est que par les écrivains romains et par la tradition, que nous savons combien les Gaulois, nos ancêtres, se sont rendus redoutables sur mer. L'arrivée des Romains dans les Gaules et les courses des peuples du Nord anéantirent le commerce des Venètes. Plus tard, les guerres intestines de la Bretagne occupèrent ses habitants jusqu'à leur faire oublier l'art de construire ces *prodigieux vaisseaux dont les bordages avaient un pied d'équarrissage*, d'après ce que rapportent d'anciens écrivains. Dans les premiers temps de l'histoire de France, et presque jusque sous Philippe de Valois, on ne voit guères que des bateaux semblables à ceux des Saxons et des Gênois : cependant Charlemagne, prince créateur, avait fait construire bon nombre de bâtiments, et ses flottes avaient fréquemment battu celles des Sarrasins et des Normands ; mais ses successeurs négligèrent la marine qui retomba bientôt complètement.

Les croisades parurent lui rendre quelque activité ; mais, pendant plusieurs siècles encore, les escadres ne se composèrent que de bâtiments inégaux, réunis de tous côtés à la hâte pour les besoins du mo-

ment, parce qu'il n'y avait pas de
marine permanente. Henri IV forma
le projet d'en créer une, et sans
doute il l'aurait exécuté, sans le
coup fatal qui vint l'enlever si jeune
encore à l'amour de ses sujets. Les
états généraux de 1627 réclamè-
rent une flotte de 45 bâtiments pour
purger la mer des pirates qui l'in-
festaient. Les considérations qu'ils
présentèrent à l'appui de leur de-
mande frappèrent vivement l'esprit de
Richelieu. Le grand ministre sentit
combien il était important de doter
son pays d'une marine, et combien
il serait glorieux pour lui d'attacher
son nom à un pareil présent. Il acheta
d'abord dans la Hollande une ving-
taine de vaisseaux appartenant à
des particuliers ; mais, réfléchissant
bientôt qu'il n'aurait pas assez fait
pour sa patrie tant qu'elle resterait
tributaire de l'étranger, il résolut
de créer un port de guerre, un

grand arsenal maritime où il pût réunir tout ce qui serait nécessaire à l'armement d'une flotte. Pour les hommes comme Richelieu, vouloir, c'est exécuter. Il fut séduit tout d'abord par la position de Brest. Cette rade immense d'un circuit de près de huit lieues, où 400 vaisseaux de guerre trouveraient un mouillage sûr et commode, et dont la nature, par un heureux caprice, a resserré l'entrée d'une manière si remarquable ; ce château bâti sur un rocher escarpé à l'extrémité du promontoire océanien, forteresse déjà presque imprenable, et qu'il était facile de rendre plus forte encore : tous ces avantages ne pouvaient manquer de déterminer son choix. La petite rivière de Caprel ou de Penfeld fut convertie en un port ; des magasins furent élevés à l'entour. En 1631, dix vaisseaux et six frégates furent mis en con-

struction. Dans l'espace de deux ans
vingt-trois vaisseaux de guerre mouil-
laient déjà dans la rade de Brest,
et les succès qu'obtinrent en différentes rencontres Pont-Courlaix ,
général des galères , Sourdis, ar-
chevêque de Bordeaux , et le marquis
de Brezé , récompensèrent bientôt de
ses patriotiques efforts le ministre
créateur de notre marine.

La mort ne laissa pas à Richelieu le temps d'achever son ouvrage,
qui demeura presque abandonné
pendant la minorité du roi et les
troubles de la Fronde ; mais à l'é-
difice dont il avait jeté les fondements Louis XIV sut imprimer ce
cachet de grandeur et de majesté
qui caractérise tout ce qui a été
fait sous son règne. Colbert , ha-
bile ministre , était digne de comprendre Richelieu , et de continuer
la noble tâche qu'il s'était imposée :
profitant même de conjonctures plus

favorables , il revit ses plans et les modifia. Richelieu , pressé par le temps , n'avait pu faire bâtir qu'en bois; Colbert fit construire en pierre tous les bâtiments, tous les édifices nécessaires à un arsenal maritime. Il appela des constructeurs de la Hollande, des forgerons de la Suède, des cordiers de Riga , d'Hambourg et de Dantzick ; il fit mettre en construction sur les chantiers de Brest plusieurs vaisseaux de ligne depuis 60 jusqu'à 90 canons , et cette même année, M. de Beaufort, amiral de France , arriva avec soixante vaisseaux de guerre pour établir la marine royale à Brest. Afin de perpétuer le souvenir de ces grands événements , on fit frapper deux médailles à l'effigie de Louis XIV.

La première , à la date de 1668 , du diamètre de 22 lignes , offre au revers un vaisseau de haut-bord sous voiles, avec la légende : *Navigatio instaurata*.

La deuxième, à la date de 1670, du diamètre de 18 lignes, présente aussi au revers un beau vaisseau de ligne sous voiles, avec la légende : *Res navalis instaurata*.

A l'époque des travaux entrepris par Richelieu, la population de Brest avait déjà pris un accroissement assez notable. En 1651, des religieux du Mont-Carmel étaient venus s'y établir et y avaient fait bâtir un couvent. Leur église, d'assez mauvais style, subsiste encore aujourd'hui sous le nom *d'église des Carmes* ; mais sous Louis XIV, les grands travaux du port, les constructions des vaisseaux, les armements, les expéditions qui se préparèrent attirèrent beaucoup de monde à Brest. Ingénieurs, artisans, ouvriers, marins, officiers, marchands et fournisseurs, tous les

états, toutes les professions affluè-
rent dans cette ville qui prit alors
une physionomie toute nouvelle,
et qui s'accrut bientôt en dehors de
la vieille enceinte.

En examinant le plan de Brest
en 1670, on verra que la ville avait
alors sept rues, savoir : neuve des
Sept-Saints, haute et basse des Sept-
Saints, Charronnière, du Petit-Mou-
lin, Ornou et Saint-Yves. Toutes les
maisons étaient ainsi comprises entre
le quai Tourville et l'alignement de
la rue de Traverse, de l'ouest à l'est,
et l'alignement actuel des rues Royale
et du Château (qui alors n'exis-
taient pas), du nord au sud. Le
tout était fortifié du côté de l'est
seulement par deux bastions qu'u-
nissait une courtine longeant l'emplacement actuel de la rue de Traverse.

Le long du quai Tourville étaient
quatre grands bâtiments servant de

magasin général pour la marine. Puis tout au bas de la rue Royale actuelle, et vis-à-vis le point où se trouve à présent la grille de l'arsenal, un très-bel hôtel, consistant en un corps-de-logis avec deux ailes, et qu'on appelait la maison du roi, destiné à le recevoir lorsqu'il viendrait à Brest, et ordinairement habité par le commandant de la marine. Ce sont des maisons particulières qui occupent aujourd'hui la place de cet hôtel.

Le bassin de radoub ou forme situé à l'entrée du port du côté de Brest était en 1670 la crique de Troulam. De l'autre côté se trouvait la corderie, immense bâtiment en bois qui longeait d'un bout à l'autre l'alignement de la rue de Keravel, bâtie depuis à sa place.

La garniture se trouvait à l'extrémité occidentale de la corderie, et son local se dirigeait parallèlement à la rivière, au-dessus de l'endroit où sont aujourd'hui les bureaux du port, du contrôle et ceux du magasin général. C'était le dernier établissement du port du côté de Brest. En passant de ce point pour aller du côté de Recouvrance, on trouvait la crique de Pontaniou, sur l'emplacement de laquelle on voit aujourd'hui quatre superbes formes ou bassins de radoub. Ce n'était alors qu'un enfoncement rempli de vase à la marée basse, et qu'entouraient les magasins de la mâture, de la voilerie, les grandes forges et la tonnellerie, tous édifices encore existants, mais ayant changé de destination, à l'exception des grandes forges.

En suivant le long du quai comme pour revenir à l'entrée du port, on trouvait les magasins particuliers des vaisseaux, dont on a fait aujourd'hui des forges et clouteries;

puis la salle d'armes, qui est toujours au même endroit. De là, jusqu'à la pointe du château, des maisons particulières de Recouvrance, les beaux édifices de l'artillerie n'existant pas encore ; enfin les magasins des vivres, qui sont toujours au même endroit, occupaient le quai entre ces maisons et la pointe du fer à cheval.

A cette même époque de 1670, Recouvrance, qui avait été long-temps plus important que Brest, était déjà à peu près ce qu'il est aujourd'hui.

L'essor que Colbert avait imprimé à la marine fut si fort et si rapide qu'en 1680 le département de Brest renfermait 92 vaisseaux de 60 à 100 canons, plus beaucoup de frégates, avisos, flûtes et brûlots. Une ordonnance du roi prescrivit la levée de 60,000 matelots, dont 20,000 étaient destinés à l'armement de l'escadre active, 20,000 devaient aider à l'équipement des bâtiments de commerce, et les 20,000 autres devaient rester en dépôt pour remplacer et se tenir prêts à embarquer en cas de besoin. On frappa à cette occasion une médaille offrant d'un côté l'effigie du roi : au revers, un matelot appuyé sur le fût d'une colonne au bord de la mer, et tenant en main un gouvernail chargé de fleurs-de-lis. Légende : *Bello et commercio*. Exergue : *Sexaginta millia nautarum conscripta*.

La même année, le maréchal de Vauban fut chargé de fortifier Brest. Il retoucha une partie des ouvrages du château, et couvrit par un bonnet de prêtre le ravelin et la courtine à gauche du bastion de Sourdéac. Les couronnements des murs et des tours portaient autrefois des parapets saillants à créneaux et à machicoulis, tels qu'on en voit encore aux tours du Portail, d'Azénor et de César,

ou bien les tours étaient elles-mêmes
surmontées de tourelles : Vauban fit
raser les sommets et pratiquer des
plates-formes et des embrasures pour
y mettre de l'artillerie. C'est aussi
à lui qu'on doit attribuer la construction des vastes souterrains du
château fermés en 1777 et découverts en 1832. Enfin il traça sa ligne
de fortifications : c'est celle qui
existe encore aujourd'hui, en ex-
ceptant toutefois le fort Bouguen et
l'ouvrage de Kéliversan, qui ne datent que de la fin du dernier siècle.
Cette ligne était beaucoup plus étendue que ne l'exigeait la grandeur
de la ville, puisque sa principale
porte d'entrée, en 1782, était encore voisine de l'église des Carmes;
mais il était nécessaire de commander les points élevés qui dominaient
la ville, et sur lesquels, en cas de
siége, l'ennemi aurait pu prendre
position. Vauban fit encore établir

des retranchements et batteries au Conquet, à l'anse des Blancs-Sablons, à Bertheaume, à Quélern, sur la pointe de Cornouailles, l'île Longue et Camaret : il fit bâtir le fort Mingan et celui du Minou ; mais ses tentatives pour établir des forts sur la roche Mingan et sur la Cormorandière n'obtinrent aucun succès.

L'enceinte des fortifications du côté de Recouvrance fut commencée en 1681, et en 1689 la circonvallation complète de Brest et de ce faubourg fut terminée.

Les travaux de l'arsenal de Brest avaient été complétés en 1681, par l'achèvement des ateliers et magasins de l'artillerie du côté de Recouvrance, et du côté de Brest par la construction de l'hôtel de l'intendance et du bassin de radoub que le célèbre ingénieur Groignard, après plusieurs essais infructueux, fit refaire plus tard tel qu'il est aujourd'hui. La France put alors se vanter de posséder le premier arsenal maritime de l'Europe, et pour éterniser le souvenir des travaux qui avaient amené ce grand résultat, on frappa une médaille présentant d'un côté l'effigie du roi; au revers le tracé du port de Brest avec ses fortifications. A l'embouchure de la rivière, qui forme l'entrée du port, le dieu *Portanus* est représenté assis, appuyé sur un dauphin, et tenant en main une clef. Légende : *Tutela classium Oceani*. Exergue : *Bresti portus et navalè :* MDCLXXXI.

Cette même année, un édit du roi réunit les deux villes et étendit aux habitants de Recouvrance le droit de bourgeoisie. Un autre édit transporta à Brest le siége de la justice royale, séant jusqu'alors à Saint-Renan.

Le siége royal de Brest se composait d'un sénéchal ou bailli d'épée, d'un bailli ou lieutenant-général , d'un lieutenant et d'un avocat procureur du roi.

Le corps de ville et les officiers municipaux étaient soumis à l'autorité militaire. Les habitants choisissaient pour la place de maire trois candidats dont les noms étaient soumis à l'approbation du gouverneur de la province; ensuite ils procédaient à un scrutin définitif pour l'élection. Le maire nommé prêtait serment entre les mains du gouverneur : il assistait aux états de Bretagne, l'épée au côté, et cette charge donnait la noblesse.

En 1682, le roi créa les compagnies des gardes du pavillon de la marine : elles se composaient de huit cents gentilshommes destinés à y faire l'apprentissage de la navigation, cet art sublime qui agrandit le domaine de l'homme en reculant les limites du monde. Ces compagnies furent une excellente pépinière de bons officiers. La médaille qui consacre le souvenir de cette création représente un officier sur le bord de la mer, ayant à sa droite un jeune homme qui regarde une boussole, et à sa gauche un autre jeune homme mesurant une carte avec un compas : dans le fond, une tour de la ville et un vaisseau. Légende : *Electi octogenti juvenes in navalem militiam conscripti.*

En 1685, les jésuites furent appelés à Brest pour fournir des aumôniers aux vaisseaux. Leur séminaire fut bâti aux dépens du gouvernement. A cette occasion on frappa une médaille présentant d'un côté l'effigie du roi, et au revers l'inscription suivante : *Ludovicus magnus ut maris imperium virtute partum religione tucretur seminarium Brestensi exstruxit et patribus societ. Jesu administrandum commisit.*

An MDCLXXXV. Légende : *Tu do-
minaris potestati maris.*

En 1686, on construisit l'hôpital
de la marine, et en 1691 l'hôpital
civil, renfermant 80 lits pour les
pauvres.

En 1692, suivant un relevé par-
faitement exact que nous avons sous
les yeux, la marine française se
composait de 100 vaisseaux de ligne
et de 690 autres bâtiments de guerre.
Sur ce nombre, l'escadre de Brest,
que commandait Tourville, doit être
comprise au moins pour deux tiers.
Nos flottes couvraient les mers, et,
conduites au combat par des hommes
tels que Duquesne, Tourville, For-
bin, Jean-Bart et Duguay-Trouin,
elles soutenaient en toutes rencontres
l'honneur du pavillon français. Aussi
une médaille fut-elle frappée en 1693,
pour constater que jamais notre marine n'avait atteint un pareil degré
de splendeur. Cette médaille, à l'ef-

figie du roi, présente au revers la France, couronne en tête, armée du trident, et guidant sur les flots le char de Neptune. Légende : *Splendor rei navalis.*

Cette prospérité de notre marine en général, et celle du port de Brest en particulier, ne pouvait manquer d'exciter la jalousie des Anglais qui ont toujours eu la prétention de régner exclusivement sur les mers. A ce sentiment vint peut-être aussi se joindre celui de la vengeance, lorsqu'en 1693 un armateur de Brest eut ravagé les plantations qu'ils avaient à Gambie en Afrique. Ils résolurent donc de faire un puissant effort pour ruiner d'un seul coup notre plus bel établissement maritime. Les Hollandais se joignirent à eux, et de l'aveu même de l'historien anglais Lediard, les flottes combinées, sous le commandement de l'amiral Barklay, se composaient de 41 vaisseaux de

guerre, 14 brûlots et 8 petits bâtiments, le tout portant 10,000 hommes de troupes de débarquement.
Cette flotte vint mouiller dans l'I-
roise le 16 juin 1694, et son ap-
proche répandit d'abord la terreur
parmi les habitants des environs.
Mais bientôt ils reprirent courage, et
les femmes mêmes surent se distin-
guer par le zèle et le patriotisme
qu'elles déployèrent dans cette cir-
constance. D'ailleurs Vauban se trouvait alors à Brest : sa seule présence
valait mieux que toute une armée
pour la défense de cette ville dont
les fortifications étaient son ouvrage.
Il avait tout prévu, et avant l'arrivée
de la flotte anglaise il avait écrit au
roi : « Que Sa Majesté n'avait rien
» à craindre; qu'il avait rendu tous
» les passages qui sont sous le châ-
» teau à l'épreuve de la bombe; qu'il
» avait placé avantageusement 90
» mortiers et 300 pièces de canon;

» que tous les vaisseaux étaient hors
» de la portée des bombes des en-
» nemis, et toutes les troupes en
» bon ordre ; qu'il y avait dans la
» place 300 bombardiers, 300 gen-
» tilshommes, 4,000 hommes de
» troupes régulières, dont une partie
» gardes-côtes, et un régiment de
» dragons nouvellement arrivé ; que
» ces forces étaient suffisantes pour
» repousser l'ennemi. »

Vauban établit son quartier-géné-
ral au Conquet. L'ennemi descendit
le 17, dans une anse près de Camaret. Les batteries voisines dirigèrent
sur lui un feu si vif et si bien
soutenu que les premiers qui dé-
barquèrent furent mis en désordre.
Le jeune marquis de Lavalette Thomas, bien secondé par le sieur Bé-
noisse, son frère d'armes, profita de
cet instant, s'élança sur eux à la
tête de 700 gardes-côtes, et les char-
gea l'épée à la main avec tant de

furie que leur déroute devint complète. Pour comble de malheur, la marée étant venue à baisser, leurs chaloupes échouèrent sur la plage, de sorte qu'il leur devint impossible de se rembarquer. Tous furent faits prisonniers et massacrés impitoyablement par les paysans bretons, qui ne leur firent aucun quartier. L'amiral Barklay fut tué ; une frégate hollandaise, le *Wesep*, échoua ; un transport avec 500 hommes fut coulé bas. Après cet échec, on tint conseil à bord de la flotte anglaise, et l'entreprise contre Brest fut déclarée impraticable. Depuis ce temps, il ne fut fait aucune tentative pour s'emparer de cette place.

Au fond de la baie de Camaret il y a une batterie dont le nom historique rappelle ce glorieux fait d'armes : on l'appelle batterie de la *Mort-Anglaise*, ou de la *Mort aux Anglais*. Pour en éterniser le souvenir on frappa en outre une médaille à l'effigie du roi, dont le revers représente Pallas appuyée sur son égide auprès d'un trophée naval; derrière la déesse, la mer couverte de vaisseaux. Légende : *Custos oræ Aremoricæ.* Exergue : *Batavis et Anglis ad littus Aremoricum cæsis.* 1694.

Il est probable que ce débarquement et l'occupation d'un des points de la presqu'île par les Espagnols au temps de la Ligue donnèrent à Vauban l'idée de construire les lignes de Quélern. Les travaux qu'il fit exécuter sur ce point furent remplacés un siècle plus tard par les ouvrages plus solides que l'on y admire aujourd'hui.

L'année 1707 vit entrer dans le port de Brest plusieurs bâtiments anglais pris par le brave Duguay-Trouin. L'historien anglais Lediard raconte que quand les prisonniers furent débarqués , la populace , assemblée pour les voir passer, se plut à les insulter en criant : *Place aux maîtres de la mer*. Raillerie amère et peu courtoise , dont il se plaint avec raison , mais dont les pontons de l'Angleterre furent depuis une bien cruelle vengeance !

Les travaux des fortifications et du port ainsi que les armements de la marine n'empêchaient point dans l'intérieur de la ville une foule de constructions qui venaient contribuer à son embellissement. Dès 1686 , Vauban avait désigné dans Keravel l'emplacement convenable à la construction d'une nouvelle église sous l'invocation de Saint-Louis; mais les jésuites pensant qu'elle nuirait à la vue de leur jardin où ils voulaient bâtir un observatoire , obtinrent qu'elle serait bâtie où on la voit aujourd'hui.

Parmi les raisons qui contribuèrent puissamment à l'agrandissement de Brest, il en est une trop remarquable pour que nous ne la signalions pas ici. Les habitants qui avaient fait bâtir une maison dans les trois années précédentes , faisaient partie du cortége dans l'installation du maire , avec les échevins et les notables. Les habitants mariés dans l'année de l'élection jouissaient du même privilége. On concevra facilement que de semblables mesures aient prodigieusement favorisé l'accroissement de la population et de la ville , et l'on ne s'étonnera pas que dès l'année 1710 elle ait compté 1,300 maisons et 14,000 habitants , non compris 2,000 ouvriers du dehors.

Le temps de la régence et le règne de Louis XV furent une époque de décadence pour notre marine. Dubois, vendu à l'Angleterre, ne pouvait prendre bien vivement ses in-

térêts : Fleury, l'homme de la paix
à tout prix, n'en sentait pas assez
toute l'importance ; mais Brest était
entré trop profondément dans la voie
du progrès pour rester désormais
stationnaire. De généreux citoyens et
d'habiles administrateurs suppléèrent
heureusement à l'impulsion que ne
donnait plus le pouvoir. En 1737,
Claude de Kerlean fit un testament
par lequel il laissa viagèrement la
jouissance de différentes propriétés
au plus ancien capitaine de vaisseau
attaché au port de Brest, à condition qu'il entretiendrait tous les édifices, et paierait mille francs à l'hôpital civil à son entrée en jouissance.
En 1740, Duhamet, lieutenant de
vaisseau et chevalier de Saint-Louis,
légua le prix de la vente de tous
ses biens pour la fondation d'une
école d'enfants dirigée par des frères de saint Yon. Jusqu'à ce moment, Brest n'avait pas encore eu

d'école. En 1746, le bienfait de l'éducation fut étendu à toute la population par l'établissement des frères de la doctrine chrétienne.

En 1747, la corderie actuelle fut bâtie : on abandonna et on détruisit la corderie en bois qui existait le long et sur l'emplacement de Keravel. C'est à peu près du même temps que datent les rues Royale, de la Rampe, du Château, de la Mairie et de Saint-Louis. L'église Saint-Louis, commencée en 1692, et dont les travaux avaient d'abord été poussés assez vivement, ne fut cependant achevée que long-temps après. Ce ne fut qu'en 1778 que l'on excuta la façade et la tour, d'un goût bizarre, qui la surmonte; mais le service divin s'y célébrait depuis plusieurs années.

En 1751, le bagne fut construit sous la direction de Choquet-Lindu, ingénieur des bâtiments civils de la marine. Le choix de l'emplacement destiné à un édifice de ce genre n'était pas indifférent ; il était nécessaire qu'il fût hors du port, et en même temps à proximité de l'eau et des casernes. L'emplacement situé devant les casernes, derrière la corderie haute, à côté de l'hôpital, fut, après mûr examen, celui qui parut le plus convenable. Tous ceux qui ont visité le bagne savent que cet établissement ne laisse rien à désirer relativement à la solidité, à la sûreté, à l'arrangement et à la propreté des salles.

En 1757, le même ingénieur termina trois des quatre bassins de radoub situés sur l'emplacement de la crique de Pontaniou, du côté de Recouvrance. L'achèvement de ces bassins a permis de renoncer complètement à la dangereuse et pénible opération de faire monter les vaisseaux sur les cales.

Le 30 juillet 1752, cette ville, qui, peu d'années auparavant, n'avait pas encore même une école primaire, fut dotée, par lettres du roi, d'une institution qui, bientôt célèbre, prit place immédiatement après l'Académie des sciences et presque sur la même ligne ; nous voulons parler de l'*Académie royale de la marine.* Elle dut sa naissance à quelques jeunes officiers, qui, lorsque le prospectus de l'Encyclopédie parut à Brest, eurent l'idée de faire un dictionnaire de la marine sur le même plan. Ils se partagèrent les diverses branches. Duhamel étant venu à Brest, eut connaissance de leur travail et l'approuva ; mais il pensa que pour obtenir des résultats avantageux, il fallait constituer une véritable société académique modelée sur l'Académie des sciences. L'avenir justifia ses prévisions : l'Académie de la marine compta bientôt parmi ses membres des savants illustres et des noms européens. Par malheur, le premier volume de ses mémoires fut seul imprimé ; les autres manuscrits qui offrent une foule d'observations curieuses ont été réunis par les soins du conservateur chargé de l'ancienne bibliothèque de la marine, la seule que possède aujourd'hui la ville de Brest.

En 1761, on réédifia les magasins de combustibles qu'un incendie avait consumés en 1759.

L'année 1764 vit s'établir la manufacture de toiles à voiles. En 1766, on augmenta les magasins d'artillerie du port, et la même année, on joua pour la première fois dans la salle de spectacle, bâtie aux dépens de la marine sur les plans de Louis, architecte de Paris, auquel cet édifice lourd et de mauvais goût ne fait point honneur. Un fait assez curieux à relater ici, c'est que les pierres

qui ont servi à la construction de
l'église Saint-Louis et de la comédie
proviennent également des ruines du
château de Conan-Mériadec, à Plou-
rin, dont on ne voit plus rien de
nos jours.

En 1767 on acheva la belle ca-
serne de la marine, et l'on construisit l'admirable machine à mâter, qui
existe encore à présent.

En 1768, le jardin botanique fut
formé par MM. Courcelles et Pois-
sonnier; mais depuis il a été bien
agrandi à plusieurs reprises, et il
a dû surtout beaucoup aux soins
du savant professeur M. Léonard,
qui y a établi l'ordre que l'on y re-
marque aujourd'hui.

En 1769, M. d'Ajot, officier su-
périeur du génie, directeur des fortifications, fit planter le cours ou
promenade qui a conservé son nom.
Cette magnifique terrasse, qui domine la rade, a 620 mètres de long

sur 28 de large : ses arbres sont de la plus grande beauté, et à une époque postérieure, en 1801, on a fait placer à ses deux extrémités deux ouvrages du célèbre Coisevox, le Wandick de la sculpture. L'un représente Neptune armé de son trident et prêt à en frapper un de ses chevaux marins ; l'autre offre le groupe de l'abondance. Le travail en est fort beau, mais l'inclémence du ciel sous lequel ils sont placés les a déjà considérablement détériorés.

Ainsi l'on voit que presque chaque année était marquée par quelque institution nouvelle, ou par la construction de nouveaux édifices. Le recensement de 1776 fit connaître que Brest renfermait 1,900 maisons et 22,000 habitants. Aussi, lorsque l'empereur Joseph II, voyageant sous le nom de comte de Falkenstein, vint visiter cette ville en 1777, il ne put assez témoigner l'admiration que lui inspiraient l'activité prodigieuse qui régnait incessamment dans le port, et les merveilles que la civilisation y avait si rapidement opérées. Cependant un affreux désastre était venu affliger la ville en 1775. L'hôpital de la marine avait été presqu'entièrement consumé par un incendie, et 40 forçats avaient péri dans les flammes sans qu'il fût possible de leur porter secours. C'est alors que l'on convertit en hôpital l'ancien séminaire des jésuites, qui, en 1770, après l'expulsion de ces religieux, était devenu l'hôtel des gardes de la marine.

En 1778, le roi Louis XVI, qui montra toujours pour la ville de Brest une bienveillance toute particulière, lui envoya son portrait. On le reçut avec un cérémonial qui pourrait sembler ridicule et puéril aujourd'hui que, par la suite inévitable de dix révolutions, la majesté royale est en quelque sorte anéantie, mais qui devait paraître grand et noble, alors que cette même majesté, imposante et forte, était l'objet de tous les respects et de tous les hommages.

La guerre d'Amérique, si glorieuse pour notre marine, mais si fatale pour la monarchie, vint encore donner un nouveau développement à la ville de Brest. Les nombreux armements qui s'y firent dans le cours de l'année où elle fut déclarée y attirèrent tant de monde que la population s'éleva bientôt jusqu'à 26,000 habitants. Il n'entre pas dans notre plan de donner de grands détails sur cette époque. D'ailleurs tout le monde connaît assez les actions héroïques de Guichen, de De Grasse, de d'Estaing et du bailli de Suffren, ce grand homme de Plutarque. Cependant il est un combat que nous ne pouvons passer sous silence, parce que la gloire en rejaillit d'une manière toute particulière sur la ville de Brest ; c'est celui du brave Du Couédic, commandant la *Surveillante*, dont le corps est déposé dans l'église St.-Louis.

Dans le mur du chœur est scellé un obélisque de marbre noir sur lequel on lit l'inscription suivante :

« Jeunes élèves de la marine,
» admirez et imitez l'exemple du
» brave Du Couédic, lieutenant en
» premier des gardes de la marine.
» Ici repose le corps de messire
» Louis Du Couédic de Kergoua-
» ler, chevalier de l'ordre royal
» et militaire de Saint-Louis, ca-
» pitaine des vaisseaux du roi, né
» au château de Kerguelenen, pa-
» roisse de Pouldregat, diocèse de
» Quimper, le 17 juillet 1740 ;
» mort le 7 janvier 1780, des suites
» des blessures qu'il avait reçues
» dans le combat mémorable qu'il

» a *rendu* (sans doute pour *sou-*
» *tenu*) le 6 octobre 1779, com-
» mandant la frégate de Sa Majesté
» *la Surveillante*, contre la fré-
» gate anglaise *le Québec.*

» Ce monument a été posé par
» ordre du roi pour perpétuer le
» nom et la mémoire de ce brave
» officier. »

Quel est l'homme sentant battre dans sa poitrine un cœur de français et de soldat, qui ne s'arrêterait avec respect et ne se prosternerait avec un saint recueillement devant ce marbre, simple et digne prix d'une action héroïque ? Il serait à désirer qu'on se montrât moins avare de ces sortes de récompenses ; car c'est en honorant le dévouement qu'on lui donne des imitateurs.

Hélas ! lorsque ce monument était élevé par ordre d'un roi, digne appréciateur du courage, lorsque peu de temps après, il signait le glorieux traité de 1783, qui aurait pu prévoir que l'ouragan des révolutions allait bientôt emporter son trône et son sceptre, et que sa tête sacrée tomberait elle-même sur l'échafaud ? Au milieu des malheurs de la France, Brest fut encore une des villes les plus cruellement frappées. Dès les premiers troubles, une espèce de club s'y était formé et s'était fait remarquer en toutes circonstances par l'exaltation de ses opinions. Il travaillait surtout à pervertir l'esprit des matelots, et il y réussit tellement qu'au mois de septembre 1790, à l'occasion de la publication du nouveau code maritime, une révolte éclata parmi les équipages de l'escadre aux ordres du comte d'Albert de Rioms. La société des amis de la constitution, qui d'abord avait poussé au désordre, usa de son influence pour l'apaiser lorsqu'elle vit quels maux pouvaient en résulter ; mais Albert de Rioms, quoiqu'un décret de l'assemblée nationale eût approuvé sa conduite, donna sa démission, quitta la France, et l'émigration, qui avait déjà commencé, devenant presque générale, fit perdre au corps de la marine une foule d'excellents officiers qu'il était difficile de remplacer. La plupart d'entre eux allèrent demander un asile à l'Angleterre. On sait quelle hospitalité ils y trouvèrent, on sait aussi comment à Quiberon, victimes, soit de la lâcheté, soit de la trahison, ils furent, contre le droit des gens, sacrifiés à la rage révolutionnaire. On vit alors disparaître le type de ces anciens marins français, jeunes fous qui couraient en riant exposer leur chevelure crêpée et leur visage rosé à l'écume des lames et au souffle des tempêtes, noircissant de poudre leurs dentelles de Flandre, s'élançant à bord d'un navire ennemi, en escarpins, en bas de soie, au milieu de la fumée de la mousqueterie et du canon, et mettant de la grace et de la coquetterie jusque dans la manière dont ils saisissaient la pesante hache d'abordage. A leur place, et offrant avec eux un contraste frappant, on vit surgir une nouvelle race d'hommes, rude et forte, au teint hâlé par les travaux et la fatigue, sentant le goudron, comme les marins d'Edouard Corbière, pleins de courage et d'intrépidité, mais qui, subitement élevés à un poste auquel ils n'auraient pu prétendre en d'autres temps, durent apprendre à commander quand ils ne savaient même pas obéir, et payèrent leur apprentissage par de nombreuses défaites.

Cependant la populace en démence se livrait aux derniers excès. Les armes de [Brest mi-partie France et Bretagne furent effacées ou martelées partout où elles se rencontrèrent. Les lieux saints furent profanés : dans l'église de Saint-Louis on détruisit une chaire à prêcher d'un travail remarquable. Les démagogues, dans leur aveugle fureur, brisèrent une table de marbre incrustée dans une fontaine du quai Tourville, et qui portait l'inscription suivante, composée par le célèbre Santeuil :

Illam nautæ omnes celebrate Nympham ;
Hic vobis dulces provida præbet aquas ,
Quia salsum pariter quæ pocula pura ministrat
Scandere amat vestras officiosa rates.

Bientôt les désordres ne se bornèrent plus à ces manifestations de la populace égarée. Le pouvoir luimême se mit à la tête du mouvement pour organiser en quelque sorte l'anarchie. La chapelle de Saint-Sauveur à Recouvrance, et l'église des Sept-Saints furent vendues comme propriétés nationales : la première servit successivement de magasin et d'atelier ; la seconde fut transformée en auberge, et elle a conservé cette destination jusqu'à présent. Les proconsuls de la Convention, envoyés dans les départements pour y exercer la puissance nationale, stimulaient le zèle des clubs et des autorités locales. Jean-Bon-Saint-André, Alquier, Cavaignac, Tréhouard, Bréard furent successivement en mission à Brest. Les deux derniers débutèrent dans ce port, le 7 brumaire, an II, par une proclamation dans laquelle ils disaient aux marins :

« L'opinion public repoussait avec
» indignation la caste perfide qui
» causait tous nos maux. Vous-
» mêmes, vous nous demandiez des
» chefs pris parmi vos égaux
» et vos frères ; nous vous les
» avons donnés.... Ce n'est plus

» comme dans l'ancien régime, à
» l'homme que vous obéissez, c'est
» à la loi...... N'en doutez pas,
» le glaive de la loi frappera sans
» pitié tous les conspirateurs ; la
» nation ne veut désormais que des
» serviteurs fidèles..... Plus elle est
» grande dans ses récompenses,
» plus aussi elle sera sévère dans
» ses punitions. »

Ces terribles menaces ne tardèrent pas à se réaliser. Dans ces affreux moments où l'étang populaire est agité par l'orage, la bourbe monte partout à la surface : à la voix du féroce Laignelot, des hommes sortis des derniers rangs de la société se réunirent pour former ce que, par la plus monstrueuse alliance de mots, on osait appeler tribunal révolutionnaire ; comme si ses deux idées de justice et de révolution pouvaient être associées. C'est dans l'ancienne église des jé-

suites qu'ils tinrent leurs séances, et bientôt Laignelot put annoncer, dans sa lettre du 22 pluviôse, qu'*enfin le glaive de la loi commençait à frapper les têtes coupables.* Il rendait compte de l'exécution de deux officiers de marine qui avaient *expié leurs crimes sur l'échafaud, aux cris mille fois répétés de vive la république.* Il promettait en terminant « D'autres exécutions : les
» grands coupables du Finistère,
» écrivait-il, vont être jugés ; et,
» à l'exception de quelques riches,
» le peuple entier applaudit au sort
» qui les attend. *Il est impatient
» de voir se déployer la justice
» nationale.* La société populaire,
» deux fois épurée par mes prédé-
» cesseurs, vient d'être entièrement
» régénérée. »
Effectivement *la justice nationale ne tarda pas à se déployer ;* tous les administrateurs du Finistère,

au nombre de vingt-six , furent immolés le même jour , et la nouvelle en fut donnée aux Jacobins de Paris par l'accusateur public près le tribunal révolutionnaire de Brest. Ils furent livrés *au glaive des lois comme fondateurs et apôtres du fédéralisme.* « Ils avaient eu l'im-
» prudente sottise , dit l'historien
» Royou , de se mêler de cette que-
» relle entre deux factions républi-
» caines : on en fit une boucherie
» à Brest. Plusieurs reçurent le coup
» mortel en proférant des vœux
» pour une république dont ils
» n'exista jamais que le nom. Il
» se trouvait parmi eux de pauvres
» paysans qui savaient à peine quel-
» ques mots de français , et ne pu-
» rent jamais comprendre ce que
» c'était que ce fédéralisme qui les
» menait à la mort. »

C'est assez nous étendre sur cette époque déplorable qui ne peut être inscrite qu'en lettres de sang dans les annales de la ville de Brest. Enfin la terreur eut son terme et les exécutions cessèrent ; mais la guerre maritime continua, et avec elle les désastres de notre pavillon. Sous le directoire, sous le consulat et sous l'empire, la marine, malgré de brillants faits d'armes isolés, ne put reprendre le rang qu'elle avait perdu dès les premiers temps de la révolution. Elle put citer avec honneur les noms de Latouche Tréville, qui sut lutter avec avantage contre Nelson ; de Dupetit-Thouars, de Bruix, de Cosmao, de Kerjulien, de Villaret-Joyeuse, de Bast, de Linois, de Leissègues ; mais tous les grands armements furent malheureux : Napoléon surtout, il faut le dire, n'attacha jamais à la marine qu'un intérêt tout à fait secondaire : pour lui l'empire du monde ne se jouait pas sur l'Océan, mais dans les plaines de l'Italie, de l'Allemagne et de la Russie ; il ne voyait pas assez qu'Aboukir, Trafalgar, Rochefort et Santo-Domingo étaient de bien sanglantes compensations des Pyramides, de Marengo, d'Austerlitz et de Wagram.

Sous le consulat et sous l'empire, la prospérité matérielle de la ville n'augmenta pas d'une manière sensible : cependant elle dut un grand nombre d'embellissements aux soins d'un administrateur éclairé. Tous ceux qui visitent le port y remarquent une belle fontaine surmontée d'une magnifique statue en marbre blanc représentant Amphitrite, ouvrage du célèbre Coustou : ce fut le préfet maritime Cafarelli qui la fit élever. Ce fut aussi lui qui créa la bibliothèque spéciale de l'hôpital Saint-Louis, dépôt bien précieux pour les progrès de l'art médical.

Mais c'est surtout depuis vingt

ans que Brest semble avoir changé de face : c'est à peine si l'espace nous permet d'énumérer les grands et importants travaux qui y ont été exécutés durant cette période. L'administration de la marine a fait d'immenses sacrifices pour l'achèvement du port et pour sa fermeture. De nouvelles cales de construction ont été faites. On a commencé de nouveaux quais que l'on poussera de proche en proche jusqu'aux extrémités du port. On a formé un musée maritime non moins remarquable par la perfection des sculptures qui le décorent que par le travail des modèles qu'il renferme. Depuis l'incendie de 1776, la marine n'avait plus qu'un hôpital provisoire dans l'ancien séminaire des jésuites, et son insuffisance s'était fait plusieurs fois sentir. Sur l'emplacement de l'ancien, on en a construit un dont l'élégance, je dirais presque la somptuosité, fait un des plus beaux monuments de la ville. Il était impossible de donner un air plus riant à ce séjour de mort et de désolation. L'hôpital est desservi par les vénérables filles de la sagesse, dont la communauté fut fondée en 1716, et dont la maison principale est à Laurent-sur-Sèvre.

La conquête d'Alger a enrichi le port d'un nouveau monument que doivent voir avec intérêt tous les hommes passionnés pour la gloire de leur patrie. Presque à l'entrée du port, à peu de distance du bassin de Brest, entourée d'une balustrade de 46 pieds de circonférence, sur un piédestal orné de beaux bas-reliefs qui surmonte un socle en granit de Laber, s'élève fièrement la *Consulaire*, noble trophée de nos armes. Cette pièce fut fondue en 1542, par un Vénitien, pour célébrer l'achèvement des fortifications

du môle à l'une des embrasures duquel elle fut placée : sa longueur
est de 20 pieds 5 pouces 6 lignes,
sa portée est de 2,500 toises : elle
paraît plus gigantesque encore parce
qu'elle est surmontée d'un coq de
bronze dont une patte est appuyée
sur le boulet de cette bouche à
feu. Sur une des faces du piédestal
on lit l'inscription suivante :

LA CONSULAIRE,
prise à Alger le 5 Juillet 1830,
jour de la conquête de cette ville
par les armées Françaises.
L'Amiral baron Duperré, commandant l'escadre.
Erigée le 27 Juillet 1833.
S. M. Louis-Philippe régnant.
Le V. A. comte de Rigny, ministre de la marine.
Le V. A. Bergeret, préfet maritime.

Il y a ici une grave omission
qu'il est du devoir de l'historien
de signaler. Le rôle de la marine
dans l'expédition d'Alger a été beau
sans doute, et dignement rempli,
mais aussitôt après le débarquement
il est devenu tout à fait secondaire.

Dès lors le rôle principal appartint à l'armée de terre, et cependant il n'est pas même fait mention de l'officier général qui avait le commandement en chef des troupes de débarquement. Déplorable effet des dissensions civiles ! Lorsqu'on se laisse entraîner par l'esprit de parti, on en vient jusqu'à déchirer les pages de l'histoire, on s'abaisse jusqu'à devenir en quelque sorte *faussaire !* Mais que M. de Bourmont se console ! quelque opinion particulière que chacun puisse avoir de sa conduite politique, en dépit de faiseurs d'inscriptions menteuses et de ceux qui prennent plaisir à décrier le passé pour flagorner le présent, sa défense de Nogent-sur-Seine sera toujours regardée comme un des plus beau faits d'armes de la campagne de 1814 ; et l'expédition d'Alger, conduite avec autant de succès que de talents, suffira pour transmettre son nom jusqu'à la postérité la plus reculée.

Quand l'administration de la marine faisait tant de sacrifices pour l'embellissement de Brest, l'administration de la ville et les citoyens ne pouvaient pas rester en arrière.

Dès l'année 1817, on avait bâti le corps de la prison civile ; quelques années après, on commença la nouvelle halle, bâtiment d'assez mauvais goût, mais d'une grande solidité et d'une vaste contenance. Chaque jour on voit s'élever une foule de constructions particulières et de maisons qui ne laissent rien à désirer pour l'élégance et le confortable. Les arts et les sciences, le commerce et l'industrie font en même temps de grands progrès : on a pu s'en convaincre en février 1834, lorsqu'on a fait dans les salles de la mairie une exposition des produits de l'industrie brestoise. L'achèvement du canal de Nantes à Brest, dont le projet déjà fort ancien n'a été repris sérieusement qu'en 1822, doit donner encore au commerce une extension nouvelle.

Les deux extrémités de la rue de la Mairie étaient autrefois séparées par une vallée profonde et escarpée : on les réunit il y a une centaine d'années par une chaussée appelée encore aujourd'hui *Pont-de-Terre*. Sur l'un des revers de cette chaussée est un enfoncement considérable qui était occupé il y a quelques années par des jardins et des bâtisses habitées par des mendiants ; cloaque infect, repaire de malfaiteurs, quartier hideux qui gisait au sein de la belle ville de Brest comme une plaie honteuse. C'est là que se développèrent les premiers symptômes de l'épidémie de 1832. Le conseil municipal acheta ce quartier en

1834, fit détruire les habitations, décida que l'enfoncement serait comblé et ferait place nette. La destination ultérieure de cet emplacement n'est pas encore arrêtée au moment où nous écrivons.

La classe pauvre a depuis quelques années éveillé d'une manière toute particulière la sollicitude de l'administration. En 1818, il avait été établi déjà une école élémentaire d'enseignement mutuel qui peut recevoir 250 élèves. En 1819, une décision du ministre de la marine a fondé l'école de maistrance qui a pour but de donner à de jeunes ouvriers l'instruction nécessaire pour pouvoir remplir un jour les emplois de maîtres et de contre-maîtres dans les ateliers de l'arsenal. Elle est placée sous les ordres du directeur des constructions navales, qui désigne un ingénieur pour la surveiller spécialement. En 1825, une autre décision a établi des cours destinés aux ouvriers de toutes professions. Un Mont-de-Piété, créé par une ordonnance royale, en date du 6 décembre 1826, a été mis en activité dans un bâtiment de l'hospice civil, le 1er mai 1831. Cette même année, on a fondé une de ces caisses d'épargnes dont l'utilité est aujourd'hui si généralement reconnue. En 1832 et en 1833, des salles d'asile ont été créées à Brest et à Recouvrance ; les enfants sont réunis gratuitement dans ces établissements publics tous les jours, à l'exception des fêtes. Enfin la société d'émulation fondée définitivement le 15 février 1834, et dont le but est de répandre l'instruction et de s'occuper de travaux d'utilité générale, a établi des cours industriels gratuits en faveur des classes peu aisées.

Brest renferme aujourd'hui 30,000 habitants, sans compter 4,000 hommes de garnison, 3,000 ouvriers du port, et 2,500 forçats. L'accroissement rapide de la population, qui n'aurait rien que de naturel dans les autres localités maritimes où l'air est en général asséz pur, doit paraître prodigieux à Brest, si l'on considère combien le climat y est malsain et la mortalité considérable. Un savant médecin attribue cette mortalité à la direction de l'emplacement de la ville opposé au rhumb de vent sud-ouest, à la disposition en double pente de ses collines d'assises, à la continuité des pluies dans certaines saisons de l'année, à la grande quantité de vapeurs aqueuses de l'atmosphère, enfin aux propriétés hygrométriques des matériaux imprégnés de sel marin qui servent à la construction.

Le quartier Keravel (1) surtout

______

(1) Keravel vient de deux mots celtiques qui veulent dire *vent fort.*

est très malsain. Ajoutez à cela que dans le bas peuple, beaucoup de maladies sont engendrées par la malpropreté et par l'ivrognerie qui enlève, ainsi que le disait Percival, plus d'hommes que ne font la fièvre, la phthisie et toutes les maladies contagieuses.

En 1757, un typhus nautique introduit à Brest par l'escadre de M. Dubois de Lamotte, fit périr les deux tiers des habitants. De semblables maladies, importées par les escadres de d'Orvilliers en 1779, et de Villaret de Joyeuse en 1796, y firent beaucoup de ravages. En 1832, le choléra, dans une première invasion, fit 1,300 victimes, et 200 en 1834. Cependant on doit espérer de bons résultats de l'intendance sanitaire établie en vertu de la loi du 3 mars 1822, sur la police sanitaire du royaume, organisée d'après l'ordonnance royale du 7 août

1822, et composée de neuf membre nommés par le gouvernement sur la présentation des préfets.

L'histoire de Brest ne serait pas complète, si nous ne faisions pas ici mention des personnages marquants dans tous les genres qu'elle a produits à diverses époques. Parmi eux nous devons citer en première ligne l'illustre Rieux de Sourdéac, gouverneur de Brest sous Henri IV. Il avait laissé, sur les événements auxquels il a pris part, des mémoires qui ont été malheureusement perdus. Son fils, René de Rieux, évêque de Léon, homme d'un immense savoir et qui ne méritait pas toutes les traverses qu'il essuya. Henriette de Castelnau, comtesse de Murat, née au château de Brest, dont son père était gouverneur en 1670, morte en 1716, femme célèbre par ses intrigues qui la firent exiler autant que par des mémoires et des essais littéraires remplis d'esprit et de grace : plusieurs poètes contemporains l'ont chantée. Choquet de Lindu, ingénieur en chef des fortifications et bâtiments civils de la marine, né à Brest en 1713, dirigea pendant un demi-siècle les travaux de ce port. Depuis 1740, il fit construire la chapelle de l'hôpital général, le bagne, les formes de construction, et mourut après une glorieuse carrière, le 8 octobre 1790, décoré de l'ordre de Saint-Louis. Pierre-Nicolas Ozanne, Pierre Ozanne, son frère, ingénieur, et Marie-Jeanne Ozanne, sa sœur, furent tous trois dessinateurs distingués. Legouaz, beau-frère d'Ozanne, qui avait deviné ses dispositions et d'après lequel il grava les vues des 60 ports de France, et mourut en 1816, graveur de l'Académie des sciences. Petit, officier de port, l'auteur de la mâture de Brest, fut un homme d'une érudition profonde : il a laissé à l'Académie de la marine des manuscrits remplis d'intérêt : on doit regretter vivement la perte des essais historiques qu'il avait composés sur la ville de Brest. Savary (Jacques), médecin de Brest, qui mourut en 1768, a traduit de l'anglais plusieurs traités concernant son art, et dont l'un a eu les honneurs de la réimpression. Rochon, astronome et voyageur, naquit au château de Brest en 1741. Membre de l'Académie de la marine et de l'Académie des sciences, il accompagna le capitaine Kerguelen dans son voyage à la recherche des terres australes : il a laissé plusieurs ouvrages d'un haut intérêt. Il fut nommé membre de l'institut à sa réorganisation, et mourut à Paris en 1817. Béchennec, prêtre, né à Brest en

1726 , mort en 1805, fut savant bibliographe et naturaliste. Guillemard , écrivain de la marine et des classes , a fait quelques poésies fugitives et une tragédie de Caton d'Utique , dont le consciencieux Fréron a fait l'éloge. Kéating , d'origine irlandaise , naquit à Brest, et mourut en 1748 , avocat et littérateur distingué : il a traduit l'éloge d'Homère par Pope. Grée , avocat, né à Recouvrance , que l'amour fit poète, ainsi que le raconte Esménard, et qui chanta la navigation. Enfin le général d'Aboville, né en 1730 , mort pair de France en 1817, qui commanda en chef l'artillerie sous Rochambeau dans la guerre d'Amérique , et concourut puissamment à la prise de Yorck-Town. Mais c'est surtout à la marine que Brest s'honore d'avoir fourni une foule d'hommes distingués , et les noms des Du Couédic, des Lamothe Piquet, des Kersaint, des Cosmao, des Villaret, des Nielly, des d'Orvilliers, des Bruix sont tous glorieusement inscrits dans nos annales.

N'oublions pas de dire qu'il se fait à Brest depuis plusieurs années une grande quantité de nouvelles publications dont plusieurs ont jeté un grand jour sur l'histoire et les antiquités du Finistère. Les recherches de MM. Souvestre, Miorcec de Kerdanet, de Fréminville, etc., leur donnent de grands titres à la reconnaissance des Bretons véritablement amis de leur pays.

En terminant cette notice déjà trop longue, et où nous avons cependant omis bien des choses, il nous reste encore à faire des vœux pour que la ville de Brest ne s'arrête pas dans la voix de progrès où elle a si constamment marché depuis près de deux siècles. L'intérêt de cette nombreuse population réclame des améliorations et des embellissements qu'une sage administration ne peut lui refuser. La vieille ville renferme encore une foule de quartiers étroits, encaissés, obscurs ou malsains ; il faut les refaire ou les assainir. Depuis long-temps le besoin d'un autre lazaret se fait sentir ; il est urgent que l'on s'en occupe. Un collége est un établissement de première nécessité et que l'on devrait s'empresser de créer. La ville ne possède point de bibliothèque, et celle de la marine, dépôt dont la spécialité se restreint chaque jour de plus en plus, ne suffit pas au besoin du public. Enfin des moyens de communication plus faciles et plus commodes entre Brest et Recouvrance sont d'une nécessité qui devient de plus en plus pressante.

Que Brest obtienne toutes les améliorations que nous venons de signaler, et alors, quand nous serons consultés par ces paisibles habitants de l'intérieur qui veulent *voir la mer* une fois dans leur vie, nous leur répondrons : « Si vous désirez connaître ce que l'art et la nature réunis peuvent créer de plus admirable ; si vous voulez avoir le curieux et mouvant spectacle d'une rade superbe où se pressent mille embarcations dont les voiles se détachent gracieuses et blanches sur l'azur du ciel ou le vert des eaux ; d'un arsenal plein d'activité où retentissent incessamment le bruit du maillet du calfat, les cris des ouvriers, les chaînes des forçats et les sifflets perçants des contre-maîtres ; de ces immenses vaisseaux qui paraissent autant de citadelles flottantes ; venez à Brest, venez, et vous remporterez des souvenirs pour toute

la vie d'un homme , car vous pour-
rez vous vanter d'avoir vu le premier
port du monde.

FIN.

www.ingramcontent.com/pod-product-compliance
Ingram Content Group UK Ltd.
Pitfield, Milton Keynes, MK11 3LW, UK
UKHW020310130726
13696UKWH00003B/991